انتشارات پارسیان البرز

Kidsocado Publishing House

این مجموعه بسیار نفیس که در دست شما است
با استانداردهایی مانند فونت ساده برای سهولت خواندن ایرانیان
خارج از کشور و طراحی داخلی زیبا و متن کامل
با کوشش و همکاری دو موسسه یعنی
موسسه انتشارات البرز پارسیان در ایران و
خانه انتشارات کیدزوکادو در کانادا
تهیه شده است.
هر دو موسسه با هدف بسیار والای جهانی کردن
آثار شعرا و نویسندگان
ایرانی این فعالیت را ادامه داده
و امیدوارست به زودی
آثار با ارزشی از ادبیات غنی ایران به
خانه‌ها و کتابخانه های شما هدیه دهد.

آثار ادبی دیگری که می‌توانید از این مجموعه تهیه کنید و از آن لذت ببرید:

اینجا را کلیک کنید:

هـان کـوزه‌گـرا! بپای اگر هشیاری

تا چند کنی بر گل مـردم خواری

انگشت فریدون و کف کی‌خسرو

بر چرخ نهاده‌ای، چه می‌پنداری

هنگام صـبـوح ای صنم فرّخ‌پی

برسـاز تـرانـه‌ای و پـیـش‌آور می

کافکند به خاک صدهزاران جم و کی

ایـن آمـدن تیرمـه و رفتـن دی

گر دست دهد ز مغز گندم نانی

وز می دو منی، ز گوسفندی رانی

با لاله‌رخی و گوشه بستانی

عیشی بود آن نه حد هر سلطانی

گر کار فلک به عدل سنجیده بدی

احوال فلک جمله پسندیده بدی

ور عدل بدی به کارها در گردون

کی خاطر اهل فضل رنجیده بدی

زان کوزهٔ می که نیست در وی ضرری		پر کن قدحی بخور بمن ده دگری
زان پیش‌تر ای صنم که در رهگذری		خاک من و تو، کوزه کند کوزه‌گری

گر آمدنم به خود بُدی، نامدمی		ور نیز شدن بمن بُدی، کی شدمی
به زان نَبُدی که اندر این دیر خراب		نه آمدمی، نه شدمی، نه بُدَمی

در کارگه کـوزهگـری کــردم رای
    در پایه چـرخ دیـدم استاد به پای

میکرد دلیر کـوزه را دسته و سر
    از کله پـادشـاه و از دسـت گدای

در گوش دلـم گفت فلک پنهانی:
    حکمی که قضا بود ز من میدانی؟

درگردش خویش اگر مرا دست بدی
    خـود را برهاندمی ز سرگردانی

چندان که نگاه می‌کنم هر سویی		در باغ روان است ز کوثر جویی
صحرا چو بهشت است ز کوثر کم گوی		بنشین به بهشت با بهشتی‌رویی

خوش باش که پخته‌اند سودای تو دی		فارغ شده‌اند از تمنای تو دی
قصه چه کنم که به تقاضای تو دی		دادند قرار کار فردای تو دی

پیـری دیـدم بـه خانـهٔ خمـاری   گفتم نکنی ز رفتگان اخباری

گفتا می خور که همچو ما بسیاری   رفتند و خبر بازنیامد باری

تا چند حدیث پنج و چار ای ساقی   مشکل چه یکی، چه صدهزار، ای ساقی

خاکیم همه، چنگ بساز ای ساقی   بادیم همه، باده بیار ای ساقی

بر شاخ امید اگر بَری یافتمی   هم رشته خویش را سری یافتمی
تا چند ز تنگنای زندان وجود   ای کاش سوی عدم دری یافتمی

برگیر پیاله و سبو ای دل‌جوی   فارغ بنشین به کشتزار و لب جوی
بس شخص عزیز را که چرخ بدخوی   صدبار پیاله کرد و صدبار سبوی

ای کـاش کـه جـای آرمـیـدن بـودی   یـا ایـن ره دور را رسـیـدن بـودی

کاش از پی صدهزار سال از دل خاک   چون سبزه امید بر دمیدن بودی

بر سنگ زدم دوش سبوی کاشی   سرمست بدم که کردم این عیّاشی

با من به زبان حال می‌گفت سبو: من چون تو بُدم، تو نیز چون من باشی

ای دل تو به اسرار معما نرسی — در نکته زیرکان دانا نرسی
اینجا به می لعل بهشتی می ساز — کآنجا که بهشت است، رسی یا نرسی

ای دوست حقیقت شنو از من سخنی — با بادهٔ لعل باش و با سیمتنی
کآنکس که جهان کرد، فراغت دارد — از سِبلَت چون تویی و ریش چو منی

از کوزه‌گری کوزه خریدم باری
آن کوزه سخن گفت ز هر اسراری

شاهی بودم که جام زرّینم بود
اکنون شده‌ام کوزه هر خَمّاری

ای آن که نتیجهٔ چهار و هفتی
وز هفت و چهار دایم اندر تفتی

می خور که هزار بار بیشت گفتم
باز آمدنت نیست، چو رفتی، رفتی

آن مایه ز دنیا که خوری یا پوشی　　معذوری اگر در طلبش می‌کوشی
باقی همه رایگان نیرزد هشدار　　تا عمر گران‌بها بدان نفروشی

از آمدن بهار و از رفتن دی　　اوراق وجود ما همی‌گردد طی
می‌خور!مخور اندوه که فرمود حکیم　　غم‌های جهان چو زهر و تریاقش می

تا کی غم آن خورم که دارم یا نه؟ وین عمر به خوش‌دلی گذارم یا نه؟

پرکن قدح باده که معلومم نیست کاین دم که فرو برم برآرم یا نه؟

یک جرعه می کهن ز ملکی نو به وز هرچه نه می طریق بیرون شو به

در دست به از تخت فریدون صدبار خشت سر خُم ز ملک کی‌خسرو به

از هرچه بجز می است، کوتاهی به   می هم ز کف بتان خرگاهی به

مستی و قلندری و گمراهی به   یک جرعۀ می ز ماه تا ماهی به

بنگر ز صبا دامن گل چاک شده   بلبل ز جمال گل طربناک شده

در سایه گل نشین که بسیار این گل   در خاک فروریزد و ما خاک شده

از تن چو برفت جان پاک من و تو   خشتی دو نهند بر مغاک من و تو

و آنگاه بـرای خشت گـور دگران   در کالبدی کشند خـاک مـن و تو

می خور که فلک بهر هلاک من و تو   قصدی دارد به جان پاک من و تو

در سبزه نشین و می روشن می‌خور   کاین سبزه بسی دمد ز خاک من و تو

آن قصر که با چرخ همی‌زد پهلو	بر درگه آن شهان نهادندی رو
دیدیم که بر کنگره‌اش فاخته‌ای	بنشسته همی‌گفت که کوکوکوکو

از آمدن و رفتن ما سودی کو؟	وز تار امید عمر ما پودی کو؟
چندین سر و پای نازنینان جهان	می‌سوزد و خاک می‌شود دودی کو؟

می خوردن و گرد نیکوان گردیدن
به زآنکه به زرق زاهـدی ورزیـدن

گر عاشق و مست، دوزخی خواهد بود
پس روی بهشت کس نخواهد دیدن

نتوان دل شاد را به غم فرسودن
وقت خوش خود به سنگ محنت سودن

کس غیب چه داند که چه خواهد بودن
می باید و معشوق و به کام آسودن

گر بر فلکم دست بُدی چون یزدان

برداشتمی من این فلک را ز میان

از نو فلکی دگر چنان ساختمی

کـآزاده به کام دل رسیدی آسان

مشنو سخن از زمانه ساز آمدگان

می خـواه مـروّق به طـراز آمدگان

رفتند یکان‌یکان فـراز آمدگان

کس می‌ندهد نشان ز بازآمدگان

قومی متفکراند اندر ره دین
قومی به گمان فتاده در راه یقین

می‌ترسم از آنکه بانگ آید روزی
کای بی‌خبران راه نه آن است و نه این

گاویست در آسمان و نامش پروین
یک گاو دگر نهفته در زیر زمین

چشم خردت باز کن از روی یقین
زیر و زبر دو گاو، مشتی خر بین

رندی دیدم نشسته بر خِنگ زمین   نه کفر و نه اسلام و نه دنیا و نه دین

نه‌حق، نه‌حقیقت، نه‌شریعت، نه‌یقین   اندر دو جهان که را بود زهره این

قانع به‌یک استخوان چو کرکس‌بودن   به ز آن که طُفیل خوان ناکس بودن

با نان جوین خویش حقا که به است   کالوده و پالودهٔ هر خس بودن

چون حاصل آدمی در این شورستان   جز خوردن غصه نیست تا کندن جان

خرّم دل آن که زین جهان زود برفت   و آسوده کسی که خود نیامد به جهان

رفتم که در این منزلِ بیداد بُدَن   در دست نخواهد به جز از باد بُدَن

آن را باید به مـرگِ من شـاد بُدَن   کـز دسـتِ اجـل تـواند آزاد بُدَن

۸۰

ای دیده اگر کور نه‌ای گور ببین
وین عالم پرفتنه و پرشور ببین
شاهان و سران و سروران زیر گل‌اند
روهای چو مَه در دهن مور ببین

برخیز و مخور غم جهان گذران
بنشین و دمی به شادمانی گذران
در طبع جهان اگر وفایی بودی
نوبت به تو خود نیامدی از دگران

یک روز ز بند عالم آزاد نی‌ام   یک دمزدن از وجود خود شاد نی‌ام

شاگردی روزگار کردم بسیار   در کار جهان هنوز استاد نی‌ام

از دی که گذشت هیچ از او یاد مکن   فردا که نیامده‌ست فریاد مکن

بر نامده و گذشته بنیاد مکن   حالی خوش باش و عمر بر باد مکن

هر یک‌چندی یکی برآید که منم
با نعمت و با سیم و زر آید که منم

چون کارک او نظام گیرد روزی
ناگه اجل از کمین برآید که منم

یک‌چند به کودکی به استاد شدیم
یک‌چند به استادی خود شاد شدیم

پایان سخن شنو که ما را چه رسید
از خاک درآمدیم و بر باد شدیم

من می نه ز بهر تنگدستی نخورم — یا از غم رسوایی و مستی نخورم
من می ز برای خوش‌دلی می‌خوردم — اکنون که تو بر دلم نشستی نخورم

من بی می ناب زیستن نتوانم — بی باده کشید بار تن نتوانم
من بنده آن دمم که ساقی گوید — یک جام دگر بگیر و من نتوانم

دشمن به غلط گفت که من فلسفی‌ام　　　ایـزد دانـد که آنچه او گفت نی‌ام
لیکن چو در این غم‌آشیان آمده‌ام　　　آخر کم از آنکه من بدانم که کی‌ام؟

مابیم که اصل شادی و کان غمیم　　　سرمایهٔ دادیـم و نـهاد ستمیم
پستیم و بلندیم و کمالیم و کمیم　　　آیینهٔ زنـگ‌خـورده و جام‌جمیم

چون نیست مقام ما در این دهر مقیم
پس بی‌می و معشوق خطایی‌ست عظیم

تا کی ز قدیم و مُحدث امیدم و بیم
چون من رفتم، جهان چه محدث چه قدیم

خورشید به گِل نَهُفت می‌نتوانم
و اســرار زمـانـه گفت می‌نتوانم

از بـحـر تـفـکـرم بــرآورد خـرد
دُرّی که ز بیم سُفت می‌نتوانم

٧٤

بر مفرش خاک، خفتگان می‌بینم — در زیر زمین، نهفتگان می‌بینم
چندان‌که به صحرای عدم مینگرم — ناآمـدگـان و رفـتـگـان می‌بینم

تا چند اسیر عقل هر روزه شویم — در دهر چه صدساله، چه یک‌روزه شویم
در دِه تو به‌کاسه‌می، از آن پیش که‌ما — در کارگه کـوزه‌گـران کـوزه شـویم

برخیز ز خواب تا شرابی بخوریم   زان پیش که از زمانه تابی بخوریم

کاین چرخ ستیزهروی ناگه روزی   چندان ندهد زمان که آبی بخوریم

برخیزم و عزمِ بادهٔ ناب کنم   رنگِ رخِ خود به رنگ عنّاب کنم

این عقل فضولپیشه را مشتی می   بر روی زنم چنانکه در خواب کنم

ای دوست بیا تا غمِ فردا نخوریم
وین یک‌دمِ عمر را غنیمت شمریم

فردا که ازین دِیرِ فنا درگذریم
با هفت‌هزارسالگان سربه‌سریم

این چرخ فلک که ما در او حیرانیم
فانوس خیال از او مثالی دانیم

خورشید چراغ دان و عالم فانوس
ما چون صوریم، کاندر او حیرانیم

از جِرمِ گِل سیاه تا اوج زحل / کردم همه مشکلاتِ کلی را حل
بگشادم بندهای مشکل به حِیَل / هر بند گشاده شد، به جز بند اجل

با سروقدی تازه‌تر از خرمن گل / از دست منه جام می و دامن گل
زان پیش که ناگه شود از باد اجل / پیراهن عمر ما چو پیراهن گل

در کارگه کوزه‌گری رفتم دوش — دیدم دوهزار کوزه گویا و خموش
ناگاه یکی کوزه برآورد خروش — کو کوزه‌گر و کوزه‌خر و کوزه‌فروش

ایام زمانه از کسی دارد ننگ — کو در غم ایّام نشیند دل‌تنگ
می خور تو در آبگینه با نالهٔ چنگ — زان پیش که آبگینه آید بر سنگ

جامی است که عقل آفرین می‌زندش   صد بوسه ز مهر بر جبین می‌زندش

این کوزه‌گر دهر چنین جام لطیف   می‌سازد و باز بر زمین می‌زندش

خیام اگر ز باده مستی خوش باش   با ماه‌رخی اگر نشستی خوش باش

چون عاقبت کار جهان نیستی است   انگارکه‌نیستی، چو هستی‌خوش‌باش

وقت سحر است، خیز ای مایه ناز   نرمک‌نرمک باده خور و چنگ نواز

کان‌ها که بجایند، نپایند بسی   و آن‌ها که شدند، کس نمی‌آید باز

مرغی دیدم نشسته بر بارهٔ طوس   در پیش نهاده کله کی‌کاووس

با کله همی‌گفت که افسوس افسوس   کو بانگ جرس‌ها و کجا نالهٔ کوس

از جملهٔ رفتگان ایـن راه دراز   باز آمـده کیست تا به ما گوید راز

پس بر سر این دوراههٔ آز و نیاز   تـا هیچ نمـانی که نمی‌آیی باز

ای پیر خـردمـند! پگـه‌تر برخیز   و آن کودک خاک‌بیز را بنگر تیز

پندش ده، گو که نرم‌نرمک می‌بیز   مغز سـر کی‌قباد و چشم پرویز

گر باده خوری تو با خردمندان خور
یا با صنمی لاله‌رخی خندان خور

بسیار مخور، ورد مکن فاش مساز
اندک خور و گه‌گاه خور و پنهان خور

وقت سحر است، خیز ای طرفه پسر
پر بادهٔ لعل کن بلورین ساغر

کاین یکدم عاریت در این کنج فنا
بسیار بجویی و نیابی دیگر

دی کوزه‌گری بدیدم اندر بازار   بر پاره گلی لگد همی‌زد بسیار

و آن گل به زبان حال با او می‌گفت   من همچو تو بوده‌ام، مرا نیکودار

ز آن می که حیات جاودانی‌ست بخور   سرمایه لذت جوانی‌ست بخور

سوزنده چو آتش است، لیکن غم را   سازنده چو آب زندگانی است، بخور

خشت سر خم ز ملکت جم خوش‌تر   بوی قدح از غذای مریم خوش‌تر
آه سحری ز سینهٔ خماری   از نالهٔ بوسعید و ادهم خوش‌تر

در دایرهٔ سپهرِ ناپیدا غور   جامی‌ست که جمله را چشانند به دور
نوبت چو به دورِ تو رسد آه مکن   می نوش به خوش‌دلی که دور است نه جور

ای دل همه اسباب جهان خواسته گیر   بـاغ طربت بـه سـبزه آراسـتـه گیر

و آنگاه بر آن سبزه شبی چون شبنم   بنشسته و بامـداد برخاسته گیر

این اهل قبور خاک گشتند و غبار   هـر ذره ز هـر ذره گرفتند کنار

آه! این چه شراب است که تا روز شمار   بیخود شده و بی‌خبرند از همه کار

افلاک که جز غم نفزایند دگر   ننهند به جا تا نربایند دگر

ناآمدگان اگر بدانند که ما   از دهر چه میکشیم نایند دگر

ای دل غم این جهان فرسوده مخور   بیهوده نه‌ای، غمان بیهوده مخور

چون بوده گذشت و نیست نابوده پدید   خوش باش، غم بوده و نابوده مخور

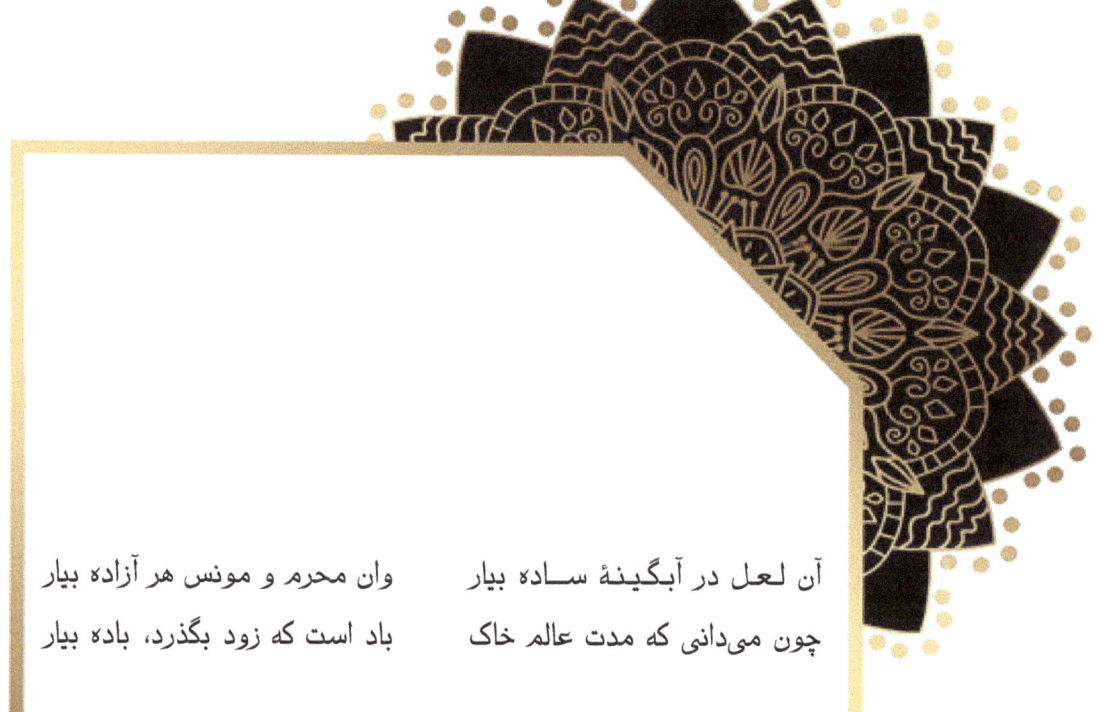

آن لعل در آبگینهٔ ساده بیار
وان محرم و مونس هر آزاده بیار
چون می‌دانی که مدت عالم خاک
باد است که زود بگذرد، باده بیار

از بودنی ای دوست چه داری تیمار
وز فکرت بیهوده دل و جان افکار
خرم بزی و جهان به شادی گذران
تدبیر نه با تو کرده‌اند اول کار

یک قطرهٔ آب بود با دریا شد   یک ذرهٔ خاک با زمین یکتا شد
آمد شدن تو اندر این عالم چیست؟   آمد مگسی پدید و ناپیدا شد

یک نان به دو روز اگر بود حاصل مرد   از کوزه‌شکسته‌ای دمی آبی سرد
مأمورِ کم از خودی چرا باید بود؟   یا خدمت چون خودی چرا باید کرد؟

یـاران موافق همه از دسـت شدند در پـای اجل یکان‌یکان پسـت شدند

خوردیم ز یک شراب در مجلس عمر دوری دو سه پیش‌تر ز ما مست شدند

یک جام شراب صد دل و دین ارزد یک جرعهٔ می مملکت چین ارزد

جز بادهٔ لعل نیست در روی زمین تلخی که هـزار جـان شیرین ارزد

هرگز دل من ز علم محروم نشد
کم ماند ز اسـرار که معلوم نشد

هفتاد و دو سال فکر کردم شب و روز
معلومم شد که هیچ معلوم نشد

هـم دانـهٔ امیـد بـه خـرمـن ماند
هم باغ و سرای بی تو و من ماند

سیم و زر خویش از درمی تا به جُوی
با دوست بخور گرنه به دشمن ماند

هـر راز کـه انـدر دل دانـا باشد   بایـد کـه نهفته‌تر ز عنقا باشد

کاندر صـدف از نهفتگی گـردد دُر   آن قطره که راز دل دریـا باشد

هر صبح که روی لاله شبنم گیرد   بــالای بنفشه در چمن خـم گیرد

انصاف مـرا ز غنچه خـوش می‌آید   کـاو دامـن خویشتن فراهـم گیرد

گویند هر آن کسان که با پرهیزند   زآن‌سان که بمیرند چنان برخیزند

ما با می و معشوقه از آنیم مدام   باشد که به حشرمان چنان انگیزند

می خور که ز دل کثرت و قلّت ببرد   و اندیشه هفتاد و دو ملت ببرد

پرهیز مکن ز کیمیایی که از او   یک جرعه خوری هزار علت ببرد

گویند بهشت و حورعین خواهد بود

آنجا می و شیر و انگبین خواهد بود

گر ما می و معشوق گزیدیم چه باک

چون عاقبت کار چنین خواهد بود

گویند بهشت و حور و کوثر باشد

جوی می و شیر و شهد و شکر باشد

پر کن قدح باده و بر دستم نه

نقدی ز هزار نسیه خوش‌تر باشد

گردون ز زمین هیچ گلی برنارد   کش نشکند و هم به زمین نسپارد

گر ابر چو آب خاک را بردارد   تا حشر همه خون عزیزان بارد

گر یک نفست ز زندگانی گذرد   مگذار که جز به شادمانی گذرد

هشدار که سرمایهٔ سودای جهان   عمر است چنان کش گذرانی گذرد

کم کن طمع از جهان و می‌زی خرسند
می در کف و زلف دلبری گیر که زود

از نیک و بد زمانه بگسل پیوند
هم بگذرد و نماند این روزی چند

گرچه غم و رنج من درازی دارد
بر هر دو مکن تکیه که دوران فلک

عیش و طرب تو سرفرازی دارد
در پرده هزار گونه بازی دارد

عمرت تا کی به خودپرستی گذرد   یا در پی نیستی و هستی گذرد

می‌نوش که عمری که اجل در پی اوست   آن به که به خواب یا به مستی گذرد

کس مشکل اسرار اجل را نگشاد   کس یک قدم از دایره بیرون ننهاد

من می‌نگرم ز مبتدی تا استاد   عجز است به دست هر که از مادر زاد

روزی‌ست‌خوش‌وهوانه‌گرم‌است‌ونه‌سرد　　ابـر از رخ گـلـزار همی‌شوید گرد
بلبل به زبـان حال خود با گل زرد　　فریاد همی‌کند که می باید خورد

زان پیش که بر سرت شبیخون آرند　　فـرمـای کـه تـا بـادهٔ گلگون آرنـد
تو زر نه‌ای ای غافل نادان که تو را　　در خـاک نهند و بـاز بـیـرون آرنـد

در دهر هر آن که نیمنانی دارد   از بهر نشست آشیانی دارد
نه خادم کس بود، نه مخدوم کسی   گو شاد بزی که خوش‌جهانی دارد

دهقان قضا بسی چو ما کشت و درود   غم خوردن بیهوده نمی‌دارد سود
پر کن قدح می به کفم درنه زود   تا باز خورم که بودنی‌ها همه بود

حیی که به قدرت، سر و رو می‌سازد
همواره همو کار عدو می‌سازد
گویند قرابه‌گر مسلمان نبود
او را تو چه گویی که کدو می‌سازد

در دهر چو آواز گل تازه دهند
فرمای بتا که می به‌اندازه دهند

از حور و قصور و ز بهشت و دوزخ
فارغ بنشین که آن هر آوازه دهند

تـا زهـره و مـه در آسـمـان گشت پدید
بـهـتر ز مـی نـاب کـسـی هـیـچ نـدید
مـن در عجبـم ز مـی‌فروشـان کایشان
به زآنکه فروشند چـه خواهند خرید

چون روزی و عمر بیش و کم نتوان کرد
دل را بـه کموبیش دژم نـتـوان کرد
کار من و تو چنان‌که رای مـن و توست
از موم به دست خویش هم نتوان کرد

تا چند اسیر رنگ و بو خواهی شد   چند از پی هر زشت و نکو خواهی شد

گر چشمهٔ زمزمی و گر آب حیات   آخر به دل خاک فروخواهی شد

تـا راه قـلـنـدری نـپـویـی نـشـود

رخـسـاره بخـون دل نـشـویـی نـشـود

سـودا چه پزی تا که چو دلسوختگان

آزاد بـه تـرک خـود نگویی نشـود

٤٦

بر چشم تو عالم ارچه می‌آرایند   مگرای بدان که عاقلان نگرایند
بسیار چو تو روند و بسیار آیند   بربای نصیب خویش کت بربایند

بر من قلم قضا چو بی من رانند   پس نیک و بدش ز من چرا می‌دانند؟
دی بی‌من و امروز چو دی، بی‌من و تو   فردا به چه حجتم به داور خوانند؟

بـر پشت مـن از زمـانه تو می‌آید   وز مـن همه کـار نانکو می‌آید

جان عزم رحیل کرد و گفتم بمرو   گفتا چـه کنـم خـانه فـرومی‌آید

بر چرخ فلک هیچ‌کسی چیر نشد   وز خوردن آدمی زمین سیر نشد

مغرور بدانی که نخورده‌ست تو را   تعجیل مکن هم بخورد، دیر نشد

این عقل که در رهٔ سعادت پوید — روزی صد بار خود تو را می‌گوید
دریاب تو این یک دمِ وقتت که نه‌ای — آن تره که بدروند و دیگر روید

ایـن قافلهٔ عمر عجب مـی‌گـذرد — دریاب دمی که با طرب می‌گذرد؟
ساقی غم فردای حریفان چه خوری — پیش آر پیاله را که شب می‌گذرد

افسوس که نامهٔ جوانی طی شد   و آن تازه بهار زندگانی دی شد

آن مرغ طرب که نام او بود شباب   افسوس ندانم که کی آمد؛ کی شد

ای بس که نباشیم و جهان خواهد بود   نی نام ز ما و نی نشان خواهد بود

زین پیش نبودیم و نبد هیچ خلل   زین پس چو نباشیم همان خواهد بود

از رنج کشیدن آدمـی حُـر گردد   قطره چو کشد حبس صدف در گردد

گر مال نماند سر بماناد به جای   پیمانه چو شد تهی دگر پر گردد

افسوس که سرمایه ز کف بیرون شد   وز دست اجل بسی جگرها خون شد

کس نآمد از آن جهان که پرسم از وی   کاحوال مسافران دنیا چون شد

اجرام که ساکنان این ایوانند   اسباب تردد خردمندانند

هان تا سر رشتهٔ خرد گم نکنی   کآنان که مُدَبّرند سرگردانند

از آمدنم نبود گردون را سود   وز رفتن من جلال و جاهش نفزود

وز هیچکسی نیز دو گوشم نشنود   کاین آمدن و رفتنم ازبهرِ چه بود

آن‌کس که زمین و چرخ و افلاک نهاد   بس داغ که او بر دل غمناک نهاد

بسیار لبِ چو لعل و زلفینِ چو مشک   در طبل زمین و حقهٔ خاک نهاد

آرنـد یکـی و دیـگـری بربایند   بر هیچ‌کسی راز همی‌نگشایند

ما را ز قضا جز این قدر ننمایند   پیمانهٔ عمر ماست می‌پیمایند

آن را که به صحرای علل تاخته‌اند بـی او هـمـه کـارهـا بپرداخته‌اند
امــروز بــهانـه‌ای درانـداخـتـه‌اند فـردا همه آن بـود که درساخته‌اند

آن‌ها که کهن شدند و این‌ها که نوند هرکس‌به‌مراد‌خویش‌یک‌تک‌به‌دوند
این کهنه‌جهان به کس نماند باقی رفتند و رویـم، دیگر آیند و روند

چون عمر به سر رسد چه شیرین و چه تلخ

پیمانه چو پر شود چه بغداد و چه بلخ

می نوش که بعد از من و تو ماه بسی

از سَلخ به غُرّه آید از غره به سلخ

آنان که محیط فضل و آداب شدند

در جمع کمال شمع اصحاب شدند

ره زین شب تاریک نبردند برون

گفتند فسانه‌ای و در خواب شدند

هر سبزه که بر کنار جویی رستهست
گویی ز لب فرشتهخویی رستهست
پا بر سر سبزه، تا به خواری ننهی
کآن سبزه ز خاک لالهرویی رستهست

یک جرعهٔ می ز ملک کاووس به است
از تخت قباد و ملکت طوس به است
هر نالهکه رندی به سحرگاه زند
از طاعت زاهدان سالوس به است

در هر دشتی که لاله‌زاری بوده‌ست
از سرخی خون شهریاری بوده‌ست

هر شاخ بنفشه کز زمین می‌روید
خالی‌ست که بر رخ نگاری بوده‌ست

هر ذره که در خاک زمینی بوده‌ست
پیش از من و تو تاج و نگینی بوده‌ست

گرد از رخ نازنین به آزرم فشان
کآن هم رخ خوب نازنینی بوده‌ست

می نوش که عمر جاودانی این است
خود حاصلت از دور جوانی این است
هنگام گل و باده و یاران سرمست
خوش باش دمی که زندگانی این است

نیکی و بدی که در نهاد بشر است
شادی و غمی که در قضا و قدر است
با چرخ مکن حواله کاندر ره عقل
چرخ از تو هزار بار بیچاره‌تر است

می‌خوردن و شاد بودن آیین من است   فارغ بودن ز کفر و دین دین من است

گفتم به عروس دهر کابین تو چیست؟   گفتا دل خرم تو کابین من است

می لعل مذاب است و صراحی کان است

جسم است پیاله و شرابش جان است

آن جام بلورین که ز می خندان است

اشکی است که خون دل در او پنهان است

من هیچ ندانم که مرا آن که سرشت
از اهل بهشت کرد یا دوزخ زشت

جامی و بتی و بربطی بر لب کشت
این هر سه مرا نقد و تو را نسیه بهشت

مهتاب به نور دامن شب بشکافت
می نوش دمی بهتر از این نتوان یافت

خوش باش و میندیش که مهتاب بسی
اندر سر خاک یک به یک خواهد تافت

گویند کسان بهشت با حور خوش است   من می‌گویم که آب انگور خوش است
این نقد بگیر و دست از آن نسیه بدار   کآواز دهل شنیدن از دور خوش است

گویند مرا که دوزخی باشد مست   قولی‌ست خلاف، دل در آن نتوان بست
گر عاشق و میخواره به دوزخ باشند   فردا بینی بهشت همچون کف دست

فصل گل و طرف جویبار و لب کشت
با یک دو سه اهل و لعبتی حورسرشت

پیش آر قدح که بادهنوشان صبوح
آسوده ز مسجدند و فارغ ز کِنِشت

گر شاخ بقا ز بیخ بختت رُستست
ور بر تن تو عمر لباسی چستست

در خیمه تن که سایبانیست ترا
هان تکیه مکن که چارمیخش سستست

ساقی گل و سبزه بس طربناک شده‌ست
دریــاب که هفته دگر خــاک شده‌ست
می نـوش و گلی بچین که تا درنگری
گل خاک شده‌ست و سبزه خاشاک شده‌ست

عمری‌ست مرا تیره و کاری‌ست نه راست
محنت همه افزوده و راحت کم و کاست
شکر ایـزد را که آنچه اسـباب بلاست
مـا را ز کس دگر نمی‌باید خواست

۲۹

در فصل بهار اگر بتی حور سرشت
یک ساغر می دهد مرا بر لب کشت

هر چند به نزد عامه این باشد زشت
سگ به ز من است اگر برم نام بهشت

دریاب که از روح جدا خواهی رفت
در پردهٔ اسرار فنا خواهی رفت

می نوش ندانی از کجا آمده‌ای
خوش باش ندانی به کجا خواهی رفت

در خــواب بُــدَم مــرا خـردمـندی گفت
کز خــواب کسی را گل شـادی نشکفت
کاری چه کنی که با اجل باشد جفت؟
می خور که به زیر خاک میباید خفت

در دایـــرهای کـه آمـد و رفتـن ماست
او را نـه بـدایت نـه نـهایت پیداست
کس مینزند دمی در این معنی راست
کاین آمـدن از کجا و رفتن به کجاست

دارنـــده چـو تـرکیب طـبایـع آراسـت

از بهر چه اوفکندش انـدر کم و کاست

گر نیک آمـد شکستن ازبهرِ چه بود

ور نیک نیامد این صور عیب که راست

در پـردهٔ اسـرار کسـی را رہ نیست

زیـن تعبیه جـان هیچکس آگـه نیست

جـز در دل خـاک هیچ منزلگه نیست

می خور که چنین فسانهها کوته نیست

چون نیست ز هرچه هست جز باد به دست
چون هست به هرچه هست نقصان و شکست
انگار که هرچه هست در عالم نیست
پندار که هرچه نیست در عالم هست

خاکی که به زیر پای هر نادانی‌ست
کـفّ صنمیّ و چـهرۀ جـانانی‌ست
هـر خشـت که بـر کنگرۀ ایوانی‌ست
انگشـت وزیـر یـا سـر سلطانی‌ست

چون لاله به نوروز قدح گیر به دست   با لاله‌رخی اگر تو را فرصت هست

می نوش به خرمی که این چرخ کهن   ناگاه تو را چو خاک گرداند پست

چون نیست حقیقت و یقین اندر دست   نتوان به امید شک همه عمر نشست

هان تا ننهیم جام می از کف دست   در بی‌خبری مرد چه هشیار و چه مست

چون بلبل مست راه در بستان یافت   روی گل و جام باده را خندان یافت
آمد به زبان حال در گوشم گفت   دریاب که عمر رفته را نتوان یافت

چون چرخ به کام یک خردمند نگشت   تو خواه فلک هفت شِمُر، خواهی هشت
چون باید مُرد و آرزوها همه هشت   چه مور خورد به گور و چه گرگ به دشت

ترکیب طبایع چو به کام تو دمی‌ست — رو شاد بزی اگرچه بر تو ستمی‌ست

با اهل خرد باش که اصل تن تو — گردی و نسیمی و غباری و دمی‌ست

چون ابر به نوروز رخ لاله بشست — برخیز و به جام باده کن عزم درست

کاین سبزه که امروز تماشاگه توست — فردا همه از خاک تو برخواهد رست

تا چند زنم به روی دریاها خشت؟ — بیزار شدم ز بت‌پرستان کنشت
خیام که گفت دوزخی خواهد بود — که رفت به دوزخ و که آمد ز بهشت

ترکیب پیاله‌ای که در هم پیوست — بشکستن آن روا نمی‌دارد مست
چندین سر و پای نازنین از سر دست — بر مهر که پیوست و به کین که شکست

بر چهرهٔ گل نسیم نوروز خوش است — در صحن چمن روی دل‌افروز خوش است

از دی که گذشت هرچه گویی خوش نیست — خوش باش و ز دی مگو که امروز خوش است

پیش از من و تو لیل و نهاری بوده‌ست — گردنده فلک نیز به کاری بوده است

هرجا که قدم نهی تو بر روی زمین — آن مردمک چشم نگاری بوده‌ست

این کهنه رباط را که عالم نام است — وآرامگه ابلق صبح و شام است

بزمی‌ست که وامانده‌ٔ صد جمشید است — قصری‌ست که تکیه‌گاه صد بهرام است

این یک، دو، سه روز نوبت عمر گذشت — چون آب به جویبار و چون باد به دشت

هرگز غم دو روز مرا یاد نگشت — روزی که نیامده‌ست و روزی که گذشت

این کوزه چو من عاشق زاری بوده‌ست   در بند سر زلف نگاری بوده‌ست

این دسته که بر گردن او می‌بینی   دستی‌ست که بر گردن یاری بوده‌ست

این کوزه که آبخوارهٔ مزدوری‌ست   از دیدهٔ شاهی و دل دستوری‌ست

هر کاسهٔ می که بر کف مخموری‌ست   از عارض مستی و لب مستوری‌ست

ای دل چو زمانه می‌کند غمناکت — ناگه برود ز تن، روان پاکت
بر سبزه نشین و خوش بزی روزی چند — زان پیش که سبزه بر دمد از خاکت

این بحر وجود آمده بیرون ز نهفت — کس نیست که این گوهر تحقیق بسفت
هرکس سخنی از سر سودا گفتند — زان روی که هست کس نمی‌داند گفت

ای آمـده از عـالـم روحـانـی تفت   حیران‌شده درپنج و چهار و شش و هفت

مـی نـوش نـدانـی ز کجا آمـده‌ای   خوش باش ندانی به کجا خواهی رفت

ای چرخ فلک خرابی از کینه توست   بیدادگری شیوهٔ دیرینهٔ توست

ای خـاک اگـر سینه تـو بشکافند   بس گوهر قیمتی که در سینهٔ توست

اکنون که گل سعادتت پربار است	دست تو ز جام می چرا بی‌کار است
می‌خور که زمانه دشمنی غدّار است	دریافتن روز چنین دشوار است

امروز تو را دسترس فردا نیست	واندیشهٔ فردات به جز سودا نیست
ضایع مکن این دم اَر دلت شیدا نیست	کاین باقی عمر را بها پیدا نیست

آن قصر که جمشید در او جام گرفت آهو بچه کرد و روبه آرام گرفت

بهرام که گور می‌گرفتی همه عمر دیدی که چگونه گور بهرام گرفت

ابر آمد و باز بر سر سبزه گریست بی بادهٔ گلرنگ نمی‌باید زیست

این سبزه که امروز تماشاگه ماست تا سبزهٔ خاک ما تماشاگه کیست

هرچند که رنگ و بوی زیباست مرا
چون لاله رخ و چو سرو، بالاست مرا

معلوم نشد که در طربخانهٔ خاک
نقاش ازل بهر چه آراست مرا

ماییم و می و مطرب و این کنج خراب
جان و دل و جام و جامه پر دُرد شراب

فارغ ز امید رحمت و بیم عذاب
آزاد ز خاک و باد و از آتش و آب

قرآن که مهین کلام خوانند آن را　　گه‌گاه، نه بر دوام خوانند آن را

بر گرد پیاله آیتی هست مقیم　　کاندر همه‌جا مدام خوانند آن را

گر می نخوری طعنه مزن مستان را　　بنیاد مکن تو حیله و دستان را

تو غرّه بدان مشو که می می‌نخوری　　صد لقمه خوری که می غلام است آن را

برخیـز بُـتـا بیـا ز بـهـرِ دل ما   حل کن به جمال خویشتن مشکل ما

یک کوزه شـراب تا به هم نوش کنیم   زان پیش که کوزه‌ها کنند از گل ما

چون عهده نمی‌شود کسی فردا را   حالی خوش دار این دل پرسودا را

می نوش به ماهتاب ای ماه که ماه   بـسیـار بـتـابـد و نیـابـد مـا را

همچنین در سده‌های اخیر، به‌واسطهٔ همین تفکرات، شعر خیّام خیلی زود به ادبیات اروپا وارد شد و با ترجمه اشعار او توسط ادوارد فیتز جرالد (شاعر انگلیسی)، مردم سایر کشورها نیز با تفکرات او آشنا شدند.

مجموعهٔ حاضر، با هدف گسترش ارتباط ایرانیان و فارسی‌زبانان سراسر دنیا با اشعار خیّام آماده شده است. در این اثر، مجموعه رباعیات خیام گردآوری شده و به حضور شما خواننده گرامی تقدیم می‌شود. همان‌طور که پیش از این گفته شد، با توجه به ضبط نه‌چندان دقیق رباعیات خیام، در طی سده‌های مختلف، نمی‌توان به‌طور قطع تعداد رباعیات خیام را مشخص کرد و شاید بعضی از ابیات منسوب به خیّام، در دیوان شاعران دیگر هم دیده شود؛ اما امید است که مجموعهٔ پیش رو که برگرفته از دیوان خیّام به تصحیح استاد محمّدعلی فروغی است، بتواند سرخوشی و خوش‌دلی خیّام را در زمان سرایش اشعار، به شما منتقل کند.

شاد و سرخوش و خوش‌دل باشید

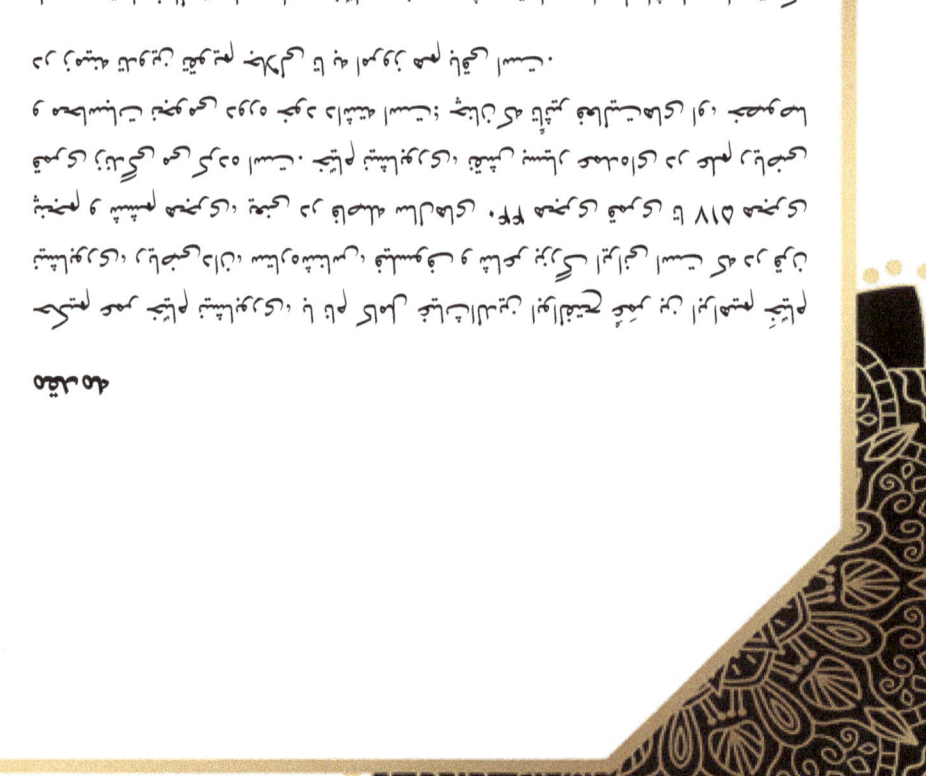

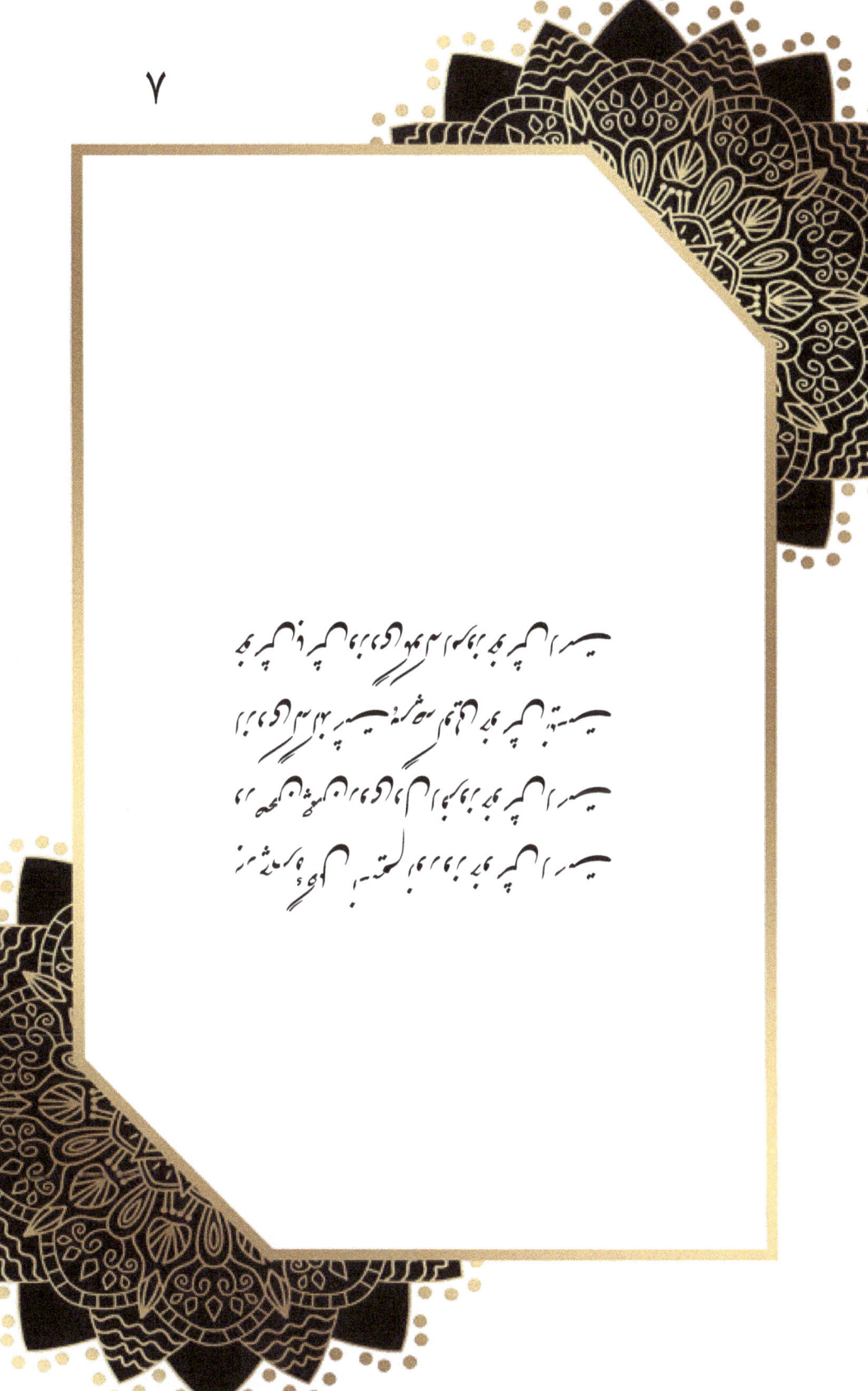

Kidsocado Publishing House

خانه انتشارات کیدزوکادو
ونکوور، کانادا
تلفن : ۸۶۵۴ ۶۲۲ ۸۳۳ ۱ +
واتس آپ: ۷۲۴۸ ۲۲۲ ۲۲۶ ۱+
ایمیل : info@kidsocado.com
وبسایت انتشارات:https://kidsocadopublishinghouse.com
وبسایت فروشگاه:https://kphclub.com

سریال کتاب: H2325100146
عنوان : رباعیات خیام
پدید آورنده: حکیم عُمَر خیّام نیشابوری
تصحیح : محمّد علی فروغی
ویراستاری: سید علی هاشمی
گردآوری و نسخه خوانی: مهری صفری اسکویی
صفحه آرایی:صفحه‌آرایی: یاسر صالحی، محبوبه لعل‌پور
طراح جلد: زهرا بگدلی، نغمه کشاورز
شابک: ISBN 978-1-77892-030-1
موضوع: شعر، رباعی
متا دیتا: Poem ، Farsi
مشخصات کتاب: گالینگور ، رنگی
تعداد صفحات : 102
تاریخ نشر در کانادا: September 2023
به کوشش: سید علی هاشمی، نغمه کشاورز
انتشارات همکار: موسسه انتشارات پارسیان البرز
منتشر شده توسط: خانه انتشارات کیدزوکادو
ونکوور، کانادا

www.ingramcontent.com/pod-product-compliance
Lightning Source LLC
Chambersburg PA
CBHW050804220426
43209CB00089BA/1689
9781778920301